RÉPONSE

AUX

ESCOBARDERIES

DE Me ROBION.

PARIS.
IMPRIMERIE ET FONDERIE DE J. PINARD,
RUE D'ANJOU-DAUPHINE, N° 8.

1828.

RÉPONSE

DE M. VIEILLOT

AUX ESCOBARDERIES

DE Me ROBION.

> Je vois que l'injustice en secret vous irrite,
> Que vous avez encor le cœur israélite.
> Le ciel en soit béni !
>
> ATHALIE, acte I, scène I.

Me ROBION, chez lequel la modestie, la modération, la délicatesse et le désintéressement égalent la franchise, déplore la rigueur de la nécessité qui le contraint de parler de lui avec quelque bienveillance; mais, sous la garantie de cette précaution oratoire, il s'empresse de nous affirmer « qu'il a une ame droite « *sur laquelle le sentiment d'une iniquité fait une impres-* « *sion profonde* (page 2 de son opuscule); qu'il est plein « *de désintéressement, de délicatesse* (page 3); qu'il est « laborieux : *l'oisiveté lui fait peur* (page 4); mais qu'il « *est d'une faible capacité* (même page); que cependant « messieurs Saint-Jean l'ont chargé d'un procès *grave,* « *important, qui exigeait de l'ensemble, de l'harmonie dans*

« *la défense, et qu'il l'a gagné* (page 5), lui, atome (page 7); « qu'il est *en bute à la jalousie de quelques confrères con-* « *damnés à l'oubli* (pages 1 et 2), tout ainsi que Gerbier « *à qui l'envie ne put pardonner ses talens* (page 7). »

Après cette profession de foi, l'intéressant écrivain expose, avec une franchise *toute robionienne*, que M. Vieillot, dans l'action qu'il lui intente, n'est que l'homme de paille qui prête complaisamment son nom *à l'envie de quelques jaloux désapointés*.

Encore que cette supposition, sur le crédit de laquelle Me Robion a fondé tout son espoir, soit grossière, il convient cependant de la repousser pour empêcher qu'elle prenne accès dans l'esprit des lecteurs étrangers au Palais, et pour ravir cette arme aux jongleurs intéressés à soustraire Me Robion à l'effet du flambeau qui éclaire son *désintéressement* et sa *délicatesse*.

La fable absurde de Me Robion se détruit par le fait même des injures consignées dans les conclusions du 24 mai. Ces injures sont-elles de nature à provoquer la réclamation de M. Vieillot? Toute la question est dans ce peu de mots.

Si M. Vieillot s'était livré sans motif à l'investigation de la conduite de Me Robion, on concevrait que cet avocat pût dire que son véritable adversaire est autre que celui qui le poursuit; mais ici M. Vieillot, bien loin d'imaginer des prétextes pour donner à d'autres l'occasion de démasquer les intrigues de Me Robion, n'a même pas voulu le poursuivre dès la première fois que, sans aucune provocation, cet avocat l'a calomnié. Et ceux qu'il ose désigner comme des jaloux qui le poursuivent sous le nom d'un tiers, mûs par le désir d'empêcher la souillure de la chausse, bien loin de profiter de l'occasion qu'il leur offrait, lui ont adressé des conseils généreux, dictés par le sentiment d'une confraternité que Me Robion ni ses associés n'ont jamais connue.

Au lieu de se rendre à ce conseil de l'avocat de la veuve Soudry, qui est aussi celui de M. Vieillot, Me Robion devient plus furieux encore. Il ne peut plus contenir son indignation, et les expressions lui manquent pour dépeindre l'horreur que lui inspire M. Vieillot. « C'est un famélique *qui fait honte à la nature humaine* « et sur lequel on ne saurait trop appeler l'animad- « version des hommes de bien. »

Quel est donc cet homme que, dans son charlatanisme d'indignation, Me Robion poursuit avec un acharnement que ne justifierait pas même la haine la plus implacable?...

C'est un père de famille, d'un caractère doux, inoffensif, qui l'a accueilli dès son arrivée au Havre (page 2 de l'opuscule), chez lequel il est allé en soirée (même page), qui, *cédant à ses nombreuses sollicitations*, lui a donné plusieurs procès [1], indépendamment des deux

[1] Parmi les procès que M. Vieillot a remis à Me Robion, on peut citer: la demande en partage Niarc contre Letendre, jugée en 1827; l'affaire de M. de Kergorlay, contre Ysnel, en distribution du prix d'un immeuble; l'affaire Pelcot, contre veuve Rousse et fille Morel, en référé (1826), et dans laquelle Me Robion n'a pas été payé parce qu'il demandoit *soixante francs*, encore bien qu'il ne fût obligé de partager les honoraires de cette cause avec personne; trois affaires au tribunal de commerce, dont Me Robion a encore les pièces, et dont il y a peu de temps il priait M. Vieillot de le faire payer. Qu'on apprécie maintenant l'emphatique assertion consignée à la page 3 de l'opuscule de Me Robion: « C'est encore « dans la ville même où, selon le sieur Vieillot, il aurait trouvé de « fréquentes occasions de me procurer les moyens de paraître, *c'est* « *dans un écrit qui passera sous les yeux des magistrats, dont on croira* « *sans peine que* JE N'OSERAIS PAS BRAVER LES SOUVENIRS, QUE J'AFFIRME

affaires qu'il confesse (page 3) avoir obtenues de la bienveillance de cet avoué qu'alors il se serait bien gardé de calomnier.

Voilà l'homme que Me Robion a la lâcheté d'insulter et auquel il croit pouvoir impunément donner le coup de pied de l'âne, en s'emparant d'un arrêt qui inflige à M. Vieillot une simple peine de discipline pour le punir d'avoir suivi les erremens d'un abus qu'il n'avait pas introduit au palais !

Mais a-t-il donc oublié, Me Robion, dans son délire de la diffamation, dans son charlatanisme de la délicatesse ; a-t-il donc oublié que la Cour, en suspendant M. Vieillot *pour trois mois*, a voulu faire un exemple qui a produit un effet salutaire ; et qu'elle ne l'a pas destitué ; que par conséquent elle a jugé digne d'être avoué l'homme qu'il voue à l'exécration des hommes de bien, sous le prétexte étrange que son ame est d'une étoffe à recevoir une impression profonde du sentiment d'une iniquité [1] ?

« N'AVOIR JAMAIS PLAIDÉ UNE SEULE AFFAIRE DANS LAQUELLE LE SIEUR « VIEILLOT FÛT AVOUÉ. » Que la véracité de Me Robion reçoit ici un éclatant hommage !!!

Ajoutons, pour donner une preuve complète des honorables sentimens de Me Robion, que suivant les habitudes de sa générosité à l'égard de cet avocat diffamateur par calcul et par goût, M. Vieillot, ignorant que Me Robion fût chargé de la cause adverse, lui avait remis les pièces de l'une des parties du procès même dans lequel il lui prodigue les plus viles imprécations. La preuve de ce fait, que Me Robion contestera sans doute, puisqu'il conteste tout, résulte du billet qu'il écrivit à M. Vieillot, en lui renvoyant les pièces le 20 mars 1828. Nous l'avons sous les yeux, il est conçu en ces termes : « J'ai été consulté par M. Varnier ; je ne puis me charger « de répondre à ce mémoire. »

[1] Galimatias auquel on ne conçoit rien, mais au travers duquel on aperçoit cependant l'attitude gênée du malfaiteur pris en fla-

« Voyons, dit-il, de quel côté est la calomnie ?... » Cette question seule est un paradoxe.

Couvert de mes bienfaits, et parce qu'il pense que je ne puis plus lui être utile, il m'injurie pour plaire à des personnes sur lesquelles son ambitieuse avidité lui fait jeter les yeux ; parce que je méprise ses grossièretés, ma modération lui semble de la timidité ; son audace redouble, et il écrit que je suis un *famélique*.

Je réponds, sans être l'éditeur responsable de qui que ce soit, mais uniquement pour rétorquer l'argument de Me Robion ; je lui réponds : « l'épithète de « *famélique* convient mieux à l'avocat qui s'associe pour « exploiter DE COMPTE A DEMI LA CONFIANCE QU'IL N'A « PAS ; j'ajoute que, si cette *association méprisable* ne fait « pas *honte à la nature humaine*, elle dégrade l'avocat « dont elle transforme le cabinet en un bureau d'in-« trigues, en un lieu de déceptions. »

A ce moyen de défense tout naturel, on m'oppose trois choses : 1° le certificat de M. le Procureur du Roi de Beauvais ; 2° la vie de Gerbier, de Target, de De Seze ; 3° la vie de Me Robion.

Le certificat prouve que, *pendant un an* que Me Robion a résidé à Beauvais, il a défendu gratuitement les indigens traduits à la Cour d'assises de l'Oise [1].

Quelle autre induction tirer de l'attestation du

grant délit, qui, dans le but d'une justification impossible, affirme aux témoins qui l'entourent qu'il est homme d'honneur, qu'il est plein de délicatesse.

[1] M. Robion, en s'empressant de justifier que pendant un an il a été désintéressé, rappelle ces deux vers de Voltaire, chant Ier de *la Pucelle* :

> Et le plus grand de ses rares travaux
> Fut de garder *un an* son pucelage.

désintéressement de l'avocat qui sort de sur les bancs pour se fixer dans un pays inconnu, dans lequel il ne peut rester qu'une année ?.... On peut dire d'ailleurs à Me Robion que, s'il a fait à Beauvais preuve de tant de délicatesse et de désintéressement, c'est qu'apparemment il n'y a pas rencontré les occasions d'intriguer qu'il a saisies au Havre avec tant d'avidité.

Après avoir produit sa cartouche, « moi, atome! s'écrie Me Robion, avec cette pureté de langage qui le caractérise; moi, atome, » dit-il, en se comparant au vénérable défenseur de Louis XVI; moi, atome, puis-je m'exposer au blâme en recevant de Me Moullin les bienfaits qu'à son début dans sa carrière De Seze reçut de Target et de Gerbier? *Comment donc ce qui fait l'éloge de cet homme célèbre pourrait-il, moi, atome, m'exposer au blâme ?.....* »

Nous ne ferons point de réflexions sur l'élégance du style de Me Robion ni sur l'heureuse découverte de son *moi, atome ;* chacun écrit à sa manière, et certes Me Robion n'est pas de ces écrivains *qui font gémir la presse pour faire gémir leurs lecteurs*, ce serait tout au plus pour faire gémir son libraire, témoin ce petit innocent Traité des chemins communaux, qui pourra prendre l'air à la faveur de la publicité que son auteur a saisi l'occasion de lui donner au bas de la page 6 de sa nouvelle production.

On ne s'arrêtera pas non plus pour admirer la réunion qui figure à la page 7 du pamphlet du 8 juillet. Quoi de plus naturel que de voir ensemble l'éloquent Gerbier, le vertueux Target et Me Moullin, l'immortel De Seze et Me Robion?...... Tous ces noms en effet se confondent dans la pensée ; tous se recommandent également au respect de leurs contemporains, à l'admiration des siècles !

Une légère différence cependant distingue les avocats célèbres placés au temple de mémoire, de ceux que l'on peut admirer encore sans avoir la prétention de les imiter. C'est que Target et Gerbier ne *partageaient* pas avec De Seze les honoraires des causes qu'ils lui procuraient pour lui faciliter l'occasion du début, et qu'ils ne colludaient pas ensemble pour détourner les cliens qui se rendaient chez leurs confrères ; ils ne les faisaient pas accompagner chez leur jeune protégé.

Quelle différence entre la bienveillance que Gerbier et Target accordaient à De Seze entrant dans la carrière qu'ils venaient d'illustrer, et le tripotage intéressé de Me Robion, aussi intrigant que De Seze était recommandable !

Gerbier, quittant le barreau, dit à l'intéressant confrère qui s'y présente : « Je puis encore vous y « aider ; j'ai même en ce moment une très belle et très « grande cause *qui devait être ma dernière*, et que je *tâ-* « *cherai* de vous procurer. »

Target annonce sa retraite d'une manière plus explicite encore : « *La place que je laisserai* ne sera pas « bien grande; si, néanmoins, *quand je ne plaiderai* « *plus*, je pouvais croire qu'il y eût encore des causes « à ma disposition, vous ne devez pas douter de « l'usage que je ferais pour vous *d'une partie de mon* « *pouvoir.* »

Ainsi Gerbier et Target, convaincus des brillantes qualités du jeune De Seze et de ses honorables sentimens, lui promettent d'aplanir pour lui les difficultés du début ; mais l'un, en lui promettant de *tâcher* de lui procurer *sa dernière cause* ; l'autre, d'user en sa faveur *d'une partie de son crédit* LORSQU'IL NE PLAIDERA PLUS, ne disposent que pour le temps où, instruits de leur retraite, les plaideurs ne se rendront chez eux que pour y prendre des avis sur le choix d'un autre défenseur. Ces hommes vertueux auraient rougi de faire plaider le jeune homme sous leur nom ; de prolonger leur exercice pour augmenter sa clientelle ; encore bien qu'à cette protection aucune idée de partage d'argent, de trafic, ne se fût attachée ; et cette protection généreuse, Gerbier ne l'eût jamais accordée à De Seze, s'il avait reconnu en lui un *intrigant*, et s'il avait été forcé de le flétrir publiquement lui-même par cette qualification, au barreau, en présence de ses confrères.

Cessez donc de profaner des noms illustres en établissant un parallèle que repoussent les honorables souvenirs qu'ils nous ont laissés. Toute la vie de ces grands hommes offre avec votre honteux trafic un contraste qui vous écrase ! Cessez de les appeler à l'appui de votre ignoble tripotage. Quelle comparaison, grands Dieux ! Quoi ! De Seze et Robion ! Gerbier, Target et..... Ah ! taisez-vous, misérable, vous blasphémez.

Que dire après cela du troisième moyen de notre adversaire ? de la vie de Me Robion. Eh ! que nous importe qu'il ait sauté de l'office d'une duchesse dans l'antichambre d'un prince ? que de là il ait passé par Beauvais pour suivre un sous-préfet, et qu'il n'ait quitté celui-ci que pour devenir le croupier d'un avocat qui se retire après avoir fait fortune? Pense-t-il donc, ce nouveau seigneur de Santillane, avoir acquis dans ses différentes conditions le droit de diffamer impunément ?.... Qu'il retienne ce cri de Figaro : « lorsque craignant l'emportement des plaideurs, les « tribunaux ont toléré qu'on appelât des tiers, *ils n'ont « pas entendu que ces défenseurs* MODÉRÉS *deviendraient im- « punément des insolens privilégiés;* C'EST DÉGRADER *le plus* « NOBLE INSTITUT. »

Me Robion nous a donné d'autres démentis que nous ne voulons pas laisser sans réfutation ; il pourrait en tirer avantage, et nous serions humiliés que l'on pût croire que nous avons fait une seule assertion hasardée.

Nous avons dit que Me Robion n'avait pas fait de stage, parce que, pendant les deux années qu'il compte comme temps de stage, il était *secrétaire salarié* de la sous-préfecture.

A la page 4 de son opuscule, il nous fait sur ce point une réfutation dont se glorifierait Escobar. Mais qu'il ouvre l'almanach de 1825, il s'y verra figurer, à la page 58, comme *secrétaire en chef de la sous-préfecture*, et, à la page 73, comme *avocat stagiaire*. Il faut être bien prodigue de dénégations pour en donner une sur un fait aussi notoire; mais il fallait justifier le brocard : *qui semel mendax semper mendax*. Il ne reste plus à Me Robion que de soutenir que ce n'est pas lui qui figure aux deux pages citées de l'almanach de 1825.

Comment soutiendra-t-il maintenant avoir fait son stage *très exactement* (page 4 de sa brochure), s'il veut bien se rappeler que l'art. 42 de l'ordonnance du 20 novembre 1822, sur l'exercice de la profession d'avocat, déclare cet exercice *incompatible avec les emplois à gages*. Qu'il recourre, s'il l'ose, à de nouveaux subterfuges pour justifier son assertion, démentie par les faits, d'avoir fait son stage.

Mais laissons cette justification du stage *régulier, assidu et très exact* (page 4) de Me Robion, qui, jusqu'à l'époque de son honorable association, n'a pas eu d'autre domicile que l'hôtel de la sous-préfecture, dans laquelle il a définitivement répudié les fausses manches de la bureaucratie, que tant de fois il avait posées sur le dos de l'important fauteuil, pour apparaître à l'audience ; passons maintenant à l'examen de l'existence des circulaires fameuses *imposant* Me Robion aux maires de l'arrondissement, existence contre laquelle Me Robion oppose les dénégations les plus téméraires ; nous y trouverons une nouvelle occasion de faire briller la véracité de l'avocat à gages.

«Tout cela», dit Me Robion, en parlant de ces circulaires, dont l'emploi est tellement odieux, qu'il n'ose l'avouer, quelque audacieux qu'il soit, « tout cela est « *imposture et mensonge* (page 5) ; au reste, c'est le fait « que je viens de raconter, qui, étrangement dénaturé, « a fourni le texte de l'allégation de ces *prétendues cir-* « *culaires*, qui auraient été représentées par des maires « et adjoints, allégation qui est aussi fausse qu'elle est « absurde (page 6). »

On remarque dans cette dénégation la même assurance que dans toutes celles dont nous avons démontré la fausseté de la manière la plus péremptoire. Le charlatanisme d'assurance de Me Robion sera tout aussi aisé à démasquer dans cette occasion.

Ce serait peu pour Me Robion qu'on lui opposât la notoriété publique ; ce témoignage imposant, que la loi même considère comme faisant une preuve légale dans certains cas de la plus haute importance, n'aurait pas sur l'esprit hardi de notre intrépide adversaire la force de le faire hésiter. Comment celui qui ose invoquer les souvenirs des magistrats à l'appui d'un mensonge serait-il arrêté par la notoriété ? il lui faut quelque chose de plus précis.

On sent qu'il est impossible d'opposer à Me Robion les circulaires elles-mêmes : adressées sous l'autorité de la signature d'un fonctionnaire à ses subordonnés, ceux-ci craindraient de déplaire à leur chef en les produisant. Mais, ainsi que nous l'avons dit page 2 de notre Mémoire, plusieurs Maires l'ont représentée aux avocats de leur choix pour s'excuser de quitter leur cabinet; Me Moullin, dans la juste indignation que lui inspirait une intrigue aussi honteuse, s'est élevé avec énergie contre l'usage de ces circulaires; il a hautement blâmé l'avocat qui les avait écrites; il en a témoigné son mécontentement à tous ses confrères qui s'en souviennent et dont nous pouvons invoquer le témoignage; nous l'invoquons avec d'autant plus d'assurance que, depuis la publication de notre Mémoire, nous les avons entendus dire que tous les faits qu'il contient sont de la plus exacte vérité, qu'il sont à leur connaissance, et que si le conseil de l'ordre les interrogeait, ils déclareraient que tous ces faits sont de la plus rigourense exactitude. Chacun même rapportait une anecdote à l'appui du Mémoire. Celle sur laquelle il y eut le plus de souvenirs est la suivante : « Chaque fois que le Tribunal proscrivait, par jugement, un des paradoxes de Me Robion, Me Moullin, profondément indigné de la conduite de ce jeune avocat, disait aussitôt : « *Vas porter cela à la sous-préfecture,* » faisant allusion aux circulaires et aux gages de Me Robion.

Me Moullin cependant n'est pas le seul qui ait vu de ces circulaires; un autre avocat, qui, plus encore par ses brillantes qualités que par un beau talent et par une clientelle honorable et nombreuse, nous offre un témoignage équivalent à la vérité elle-même, Me Labbé Desfontaines, a lui-même vu deux des circulaires dont Me Robion conteste l'existence; qu'après cela il nous donne tous les démentis qu'il voudra, ses dénégations seront de nouvelles preuves.

Havre, le 16 juillet 1828.

VIEILLOT.

CONCLUSIONS

Pour M. VIEILLOT, demandeur en réparation d'injures;

CONTRE

Mes TOUTAIN, avoué, et ROBION, avocat;

A ce qu'il plaise au tribunal, M. le procureur du roi entendu;

Premièrement, contre Me Toutain;

Attendu que si les avoués sont les *tuteurs* des parties, ils en sont les tuteurs responsables;

Attendu que s'ils sont les maîtres de rescinder les motifs des conclusions précédemment signifiées, lors même qu'ils n'en modifient pas le dispositif, et d'en faire disparaître une partie quand il s'agit d'exécuter l'article 71 du décret du 30 mars 1808, sans qu'ils soient tenus de donner d'autre raison de cette suppression que leur volonté; et encore que la partie qu'ils suppriment, dans la seule copie des conclusions remise au greffier, subsiste au procès;

Attendu que s'ils ont ainsi le droit de n'exécuter qu'en partie le décret précité, à bien plus forte raison doivent-ils être les maîtres de refuser d'appuyer du crédit de leur signature les diffamations étrangères à la cause, que l'avocat aurait à dessein placées dans les motifs des conclusions que l'avoué garantit, dont il fait son œuvre en les signant et en les faisant signifier;

Attendu que dès lors c'est véritablement une excuse pitoyable que celle qui consiste à dire que *ce tuteur* a signé à l'aveugle et sans les lire des conclusions copièces par ses clercs au sortir de chez l'avocat; que tout ce que l'on pourrait conclure de l'usage d'un moyen aussi étrange serait que l'avoué n'aurait pas dit à l'avocat de souiller les conclusions; qu'il n'aurait pas colludé avec cet avocat; qu'il n'en serait pas complice, et que, si la personne calomniée avait intenté son action au criminel, l'avoué pourrait se soustraire à la peine flétrissante du calomniateur;

Mais attendu qu'en signant et en faisant signifier des diffamations sans s'assurer de ce qu'il signe, et, on le dira, sans savoir ce qu'il fait, ce tuteur de la partie manque de prudence et de sagesse; il fait une faute lourde, en admettant même qu'il ne nuise que par imprudence; ce que personne au moins ne contestera, il commet un quasi-délit prévu par l'article 1382 du Code civil, et devient civilement responsable.

Deuxièmement, contre Me Robion;

Attendu que vainement, après s'être donné la satisfaction de répandre l'injure à foison et tout en se glorifiant d'être l'auteur des diffamations dont se plaint M. Vieillot, Me Robion s'efforce-t-il de se soustraire à l'action de la personne offensée, en alléguant, contre l'évidence et contre le sentiment de sa propre conscience, que ce n'est pas de M. Vieillot qu'il a voulu parler;

Attendu que, d'après ce système déloyal, le dévouement qu'il affiche pour Me Toutain, dont il se proclame le plastron, devient une véritable pasquinade;

Attendu qu'il n'est pas possible de s'arrêter un seul instant pour combattre ce moyen sans noblesse, puisqu'en effet Me Robion offre lui-même, dans une autre partie des conclusions auxquelles celles-ci répondent, la preuve de la futilité de cette excuse; oubliant, quand il veut justifier ses diffamations, ce qu'il vient de dire pour en détourner l'application, il soutient qu'il avait le droit d'instruire la dame Soudry des dangers de la source à laquelle elle paraissait puiser ses conseils; cette source, tant signalée, est la main qui a tracé les exploits; c'est celle d'une personne étrangère au barreau, d'un agent d'affaires. Or, il n'y a qu'un seul agent d'affaires dans la cause, et c'est M. Vieillot; il est connu de tout le monde : il a signifié ses pouvoirs dans l'instruction du procès, et *Me Robion les a lus;* qu'il dise après cela ce qu'il voudra pour essayer de persuader qu'il n'a pas entendu parler de M. Vieillot, qu'il ne l'a pas désigné.

Attendu que ce peu de mots suffisent pour renverser à jamais le système honorable des fins de non-recevoir de Me Robion.

Par toutes ces considérations et autres qui seront déduites en plaidant et dans les Mémoires, pour l'instruction de la cause; et, sans avoir égard aux moyens et conclusions de Mes Toutain et Robion, accorder au demandeur ses précédentes conclusions sous toutes réserves de fait et de droit.

Havre, le 18 juillet 1828.

VIEILLOT.

VASTEL, avoué.

PARIS, IMPRIMERIE ET FONDERIE DE J. PINARD,
RUE D'ANJOU-DAUPHINE, N° 8.

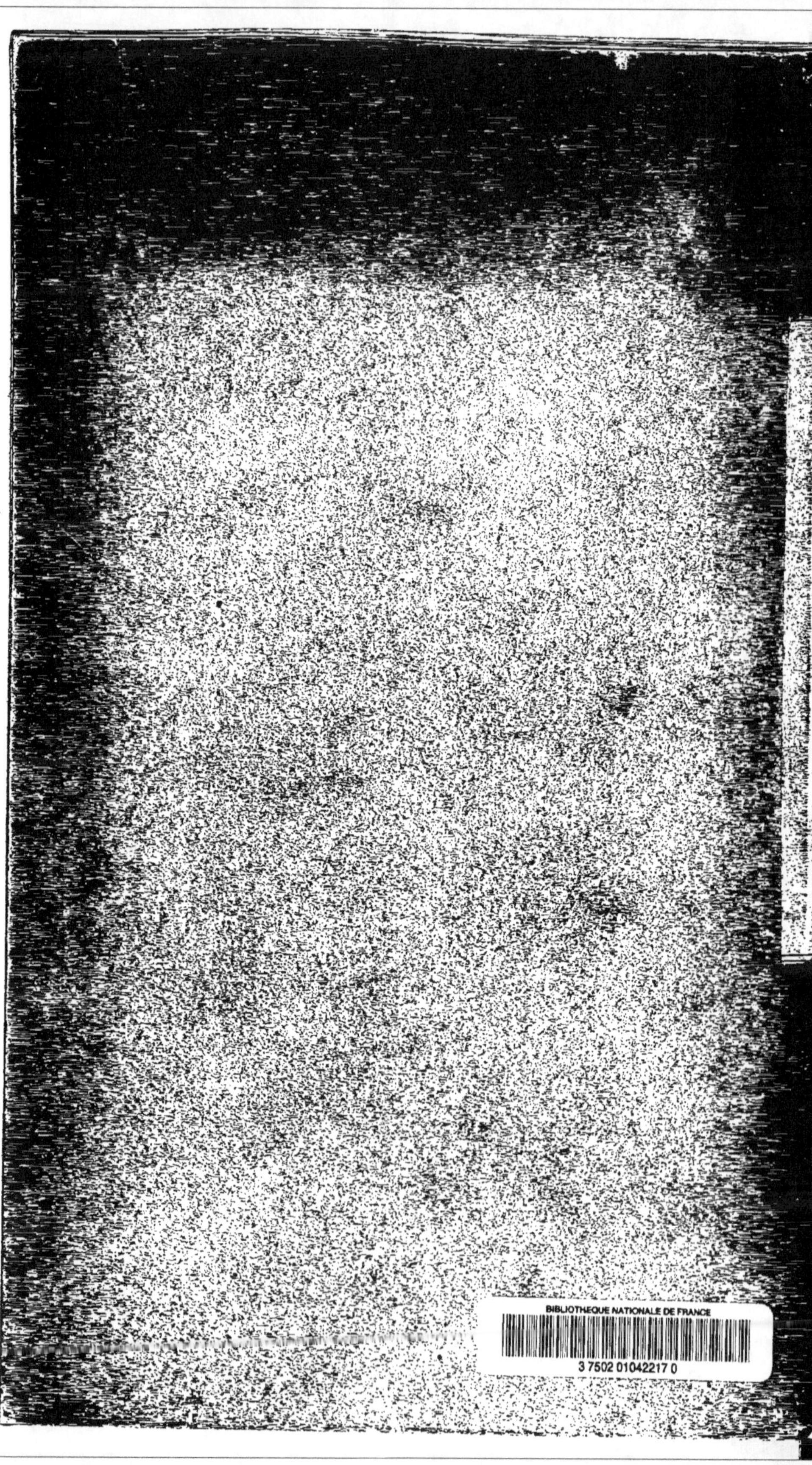

www.ingramcontent.com/pod-product-compliance
Lightning Source LLC
LaVergne TN
LVHW010256230826
846091LV00007B/3009

* 9 7 8 2 0 1 1 3 4 4 1 9 9 *